AF388840

VISITES AU COLISÉE,

EN 1836,

PAR M. DE HALDAT.

Messieurs,

Un usage assez généralement suivi en ces derniers temps, semble avoir acquis aux voyageurs lettrés le privilége de faire partager à leurs amis et à leurs compatriotes les impressions dont ils sont redevables aux lieux qu'ils ont visités. Je ne sais sur quoi ce privilége est fondé; mais fût-il solidement établi, je n'aurais recours qu'à votre bienveillance, pour essayer de vous communiquer les sentiments qu'excitèrent en moi les visites que, durant mon séjour à Rome, je fis à l'amphithéâtre Flavien, plus connu sous le nom de Colisée, à cause de la statue colossale de Néron, élevée dans ses jardins, dont l'immense édifice occupe maintenant la place.

Parmi les curieux, qui la première fois le visitèrent avec moi, se distinguait un jeune architecte français, plein d'enthousiasme pour son art, versé dans l'étude des antiquités romaines , et doué d'une mémoire richement meublée des principes de Vitruve et des travaux de Fontana. Il est inutile de dire combien un tel compagnon était précieux pour nous guider au milieu de ces ruines vastes et somptueuses, et suppléer aux connaissances qui nous manquaient sur la disposition et les usages d'une construction compliquée dont un si grand nombre de parties ont disparu. Cet artiste , plusieurs jours avant notre visite , nous avait engagés à consulter l'ouvrage de Fontana , mais préférablement à examiner et à étudier un modèle en relief, que l'on montrait dans une maison de la place d'Espagne. (1) Cette étude nous fut en effet d'une grande utilité pour saisir l'ensemble de l'édifice, et profiter des explications qu'il nous donna avec beaucoup de complaisance et une clarté que je désirerais imiter dans cette narration.

(*) Cet ouvrage très-estimable avait, selon son auteur, été commandé par l'empereur Napoléon et avait exigé dix années; ce qui ne nous a pas paru exagéré d'après le nombre prodigieux de pièces dont il est composé ; sa dimension est d'environ 3 mètres dans sa longueur. Placé sur une table , il remplissait une chambre assez grande ; on étudiait , d'une estrade élevée, l'ensemble de ce modèle, et les détails, par leur décomposition en quatre parties , au moyen de coupes artistement disposées qui en montraient toute l'organisation intérieure. Ce curieux ouvrage était offert en vente pour 10,000 fr. On m'a assuré que, depuis mon départ, il avait été vendu et destiné à être exposé aux regards du public dans les villes populeuses.

Nous approchions lentement du Colisée et déjà nous en admirions la hauteur et la vaste étendue, quand le jeune architecte commença à nous exposer ce qui était le plus utile à connaître sur l'origine de ce monument. Personne n'ignore, nous dit-il, qu'il fut commencé en l'an 71 de notre ère par Vespasien, qui, à son retour de la guerre des Juifs, employa à sa construction trente mille de ces malheureux esclaves, et qu'il fut terminé par Titus, qui en fit la dédicace avec une pompe jusqu'alors inconnue. Ces époques certaines sur l'origine de cet édifice augmenteront sans doute votre étonnement de le trouver encore debout en grande partie, après avoir bravé l'intempérie des saisons pendant dix-huit siècles.

Placé au centre de Rome ancienne, dans le lieu même choisi par César, il reçut de Vespasien une étendue capable de contenir une partie considérable de la population romaine, savoir, seize cent quarante-un pieds romains de circonférence et cent cinquante-cinq de hauteur : élévation qui n'est pas de beaucoup inférieure à celle des monts Palatin, Esquilin et Célio dont il est environné, et qui surpasse de vingt pieds environ la colonne de la place Vendôme. Sa forme, comme vous le voyez, est elliptique ; le grand axe de cette ellipse a 581 pieds et le petit 481. Si la partie de l'ouest est la plus dégradée, on ne peut pas l'attribuer seulement à l'intempérie des saisons, mais on doit reconnaitre, comme l'histoire nous l'apprend, que la main du temps lui a été moins

fatale que celle des hommes, et que, consacré dès l'o-
rigine aux jeux publics, il n'a pu être ni longtemps aban-
donné ni successivement converti en marché, en hôpital,
en citadelle, sans éprouver de funestes altérations.
La cause principale de sa ruine est l'autorisation,
donnée à diverses époques, d'y puiser des matériaux
pour d'autres constructions, d'abord, par Théodoric,
roi des Goths, ensuite, par Paul II, qui en fit abat-
tre la partie méridionale pour bâtir le palais de St.
Marc et la chancellerie in Damasco ; peu après, Paul
III, construisit encore son palais à Campo dei Fiori aux
dépens de l'amphithéâtre. Si donc nous jouissons au-
jourd'hui du plaisir d'en admirer les restes, il faut l'attribuer en grande partie à son immense étendue qui put
fournir tant de matériaux sans être totalement épuisé.
En définitive, nous le devons au zèle éclairé des derniers pontifes, amis des arts, qui ont arrêté la dévas-
tation ; d'abord à Benoit XIV, qui intéressa la piété
à sa conservation en y construisant des chapelles qui
tracent le chemin de la croix, et de nos jours, à Pie
VII, de glorieuse mémoire, et à Léon XII, son suc-
cesseur, qui n'ont pas seulement interdit toute dégrada-
tion, mais ont fait exécuter des ouvrages destinés à le
conserver (*).

Telle elle était la magnificence de l'amphithéâtre, qu'a-

(*) Le grand contrefort de l'orient a été exécuté par les ordres de
de Pie VII et celui du nord sous le pontificat de Léon XII.

près tant de ravages il excite encore notre admiration ;
mais pour en connaître l'ensemble nous devons pre-
mièrement en parcourir l'extérieur, partie la plus imposante, où l'on apprécie mieux le goût qui a présidé
à cette construction également simple et majestueuse.
Les quatre-vingts arcades que nous verrons successivement, autrefois murées et encombrées de débris, ont été
déblayées par les soins de l'administration française en
1811 et 1812. Elles offrent maintenant une promenade
agréable et commode. Les travaux exécutés à la même
époque ont encore découvert les colonnes engagées du
premier ordre, alors à moitié cachées sous les décombres,
et le chemin que nous parcourons est encore un résultat
de ces travaux importants. Au-dessus de ce premier
ordre, nous en voyons un second et un troisième com-
posés d'un nombre égal d'arcades qui se correspondent
exactement et sont de même séparées par des colonnes
engagées. Le premier ordre est dorique, le second ioni-
que et le troisième corinthien. Le quatrième aussi élevé
que chacun des trois autres, au lieu d'arcades, offre
deux rangs de fenêtres séparées par des pilastres corin-
thiens, qui soutiennent l'entablement et la corniche su-
périeure entièrement ruinée. L'usage des galeries que
les arcades éclairent et auxquelles elles servent d'entrée,
s'explique facilement ; mais avant de nous occuper de
l'usage des diverses parties, entrons dans l'intérieur de
l'amphithéâtre ou double théâtre, ainsi nommé parce
qu'il réunit deux théâtres autour d'une même scène.

Nous nous trouvions alors précisément en face de l'une des entrées principales qui conduit à l'arène où se célébraient les jeux.

C'est ici, Messieurs, reprit notre jeune et savant architecte, que le souvenir du petit modèle que nous avons étudié nous sera d'une grande utilité ; car la destruction complète de toute la partie de l'édifice destinée aux spectateurs, serait inintelligible pour ceux qui n'auraient pas fait une étude spéciale des théâtres des Romains ou visité l'amphithéâtre de Vérone, dont l'intérieur est merveilleusement conservé. Là d'abord existait un mur de 16 pieds environ (3 mètres) qui, conservant avec l'enceinte extérieure un exact parallélisme, offrait encore un espace elliptique dont le grand axe avait 258 pieds (plus de 83 mètres), et le petit 182, (plus de 68 mètres) ; c'était au-dessus de ce mur que se voyaient les gradins destinés aux spectateurs, et qui, comme le petit modèle nous l'a montré, placés en retrait, les uns au-dessus des autres, et toujours parallèles entre eux, s'élevaient jusqu'à la hauteur du second ordre , c'est-à-dire à moitié de l'édifice. Leur nombre, d'après la dimension indiquée par leur usage et la hauteur qu'en somme ils devaient atteindre, ne pouvait guère excéder 40. Le savant professeur Nibbi en comptait 50 divisés en trois étages nommés *præcinctiones*, ceintures, par les Romains. Les voies par lesquelles on s'y rendait pour y prendre place étaient les galeries, qui communiquaient entre elles directement ou par des escaliers, et enfin des couloirs dont les ouvertures intérieures (*vomi-toria*) conduisaient à chaque étage de gradins, et à des degrés par lesquels chaque spectateur pouvait facilement prendre la place qui lui était assignée. La masse des gradins était ainsi divisée en secteurs nommés *cunei* à cause de leur forme.

Le troisième ordre, comme les deux premiers, avait nécessairement une double galerie qui conduisait aux gradins les plus élevés, et une galerie découverte qui pouvait recevoir un grand nombre de spectateurs debout. Le quatrième avait deux galeries superposées dont l'une était destinée aux mécaniciens. Enfin, l'édifice était terminé par une terrasse où se trouvaient les dispositions nécessaires pour fixer les cordages du *velarium*, ou tenture destinée à défendre les spectateurs contre les ardeurs du soleil. Nous aurions pu, dit notre artiste, entrer dans de plus grands détails ; nécessaires à des architectes, ils seraient fastidieux pour des amateurs. Mais déjà le milieu du jour approche et nous invite à la retraite. Demain soir, dans une nouvelle séance, nous pourrons compléter notre examen et admirer les effets du clair de lune sur cet édifice : spectacle très-recherché des voyageurs curieux ; cet astre se lèvera précisément à l'heure la plus commode.

Le lendemain, la journée ayant été fort chaude, nous ne nous rendîmes au Colisée qu'après six heures du soir. Déjà nos compagnons de la veille nous y attendaient assis sur des blocs de travertin placés aux limites de

l'arène; nous y prîmes place près de notre jeune architecte, qui ne tarda pas à nous rappeler succinctement ce que
nous avions reconnu la veille. Vous voyez, nous dit-il,
d'après l'étendue de l'espace qu'occupaient les gradins, la
dimension des galeries et des couloirs dont nous ne trou-
vons plus que les vestiges, qu'il est impossible de taxer
d'exagération les historiens qui ont porté au delà de cent
mille le nombre des spectateurs admis à la fois dans cette
enceinte. Les écrivains qui ont conservé ce fait ne nous
ont pas même laissé ignorer l'ordre dans lequel ils y
étaient placés. Le premier gradin, celui qui reposait immédiatement sur le mur d'enceinte de l'arène et qui se
nommait *podium*, était réservé à l'empereur, aux consuls,
édiles, sénateurs et autres grands dignitaires. L'étage
immédiatement au-dessus était destiné aux chevaliers ;
les étages plus élevés, au peuple, et les galeries supérieures, aux dernières classes. L'ordre dans lequel les
spectateurs prenaient et quittaient leurs places est facile
à concevoir. Des galeries inférieures auxquelles on pouvait arriver de tous les côtés à la fois, on se rendait aux
supérieures par les escaliers de communication, et par
les couloirs (*vomitoria*) aux degrés qui conduisaient à
tous les gradins. L'empereur et les grands dignitaires
parvenaient au *podium* par des couloirs particuliers.
D'après ces dispositions ingénieuses, toutes les places
pouvaient être occupées en peu d'instants et évacuées
avec la même promptitude.

N'était-ce pas alors un spectacle imposant et magni-

lique que l'aspect de cette immensité de spectateurs ,
la plupart revêtus d'habillements somptueux, de costumes
variés selon les rangs, les conditions et les sexes, sur
les visages et dans les attitudes desquels se peignaient
les passions excitées par la curiosité, l'ardeur du plaisir
et les sons des instruments qui remplissant la vaste enceinte éveillaient les échos naturels ou artificiels destinés
à en doubler les effets ? Quelle devait être sur les sens
l'impression de cette pompe fastueuse qui appelait à son
aide les merveilles de tous les arts : de l'architecture qui
représentait la puissance et le génie du peuple domina-
teur; de la sculpture rivalisant avec la nature dans les
chefs-d'œuvre de ses favoris ; de la mécanique dont les
prodiges éclatants et les moyens cachés semblaient égaler
la puissance des dieux en suspendant au-dessus de l'immense assemblée ce voile d'or et de pourpre qui tem-
pérait l'ardeur du soleil, répandait sur tous les objets
un merveilleux éclat, et duquel pleuvaient, parfois comme
d'un ciel enchanté, des substances qui dispersaient les
odeurs les plus suaves et les plus enivrantes !

Lorsque les spectateurs étaient préparés par ces moyens,
si étrangers à nos spectacles modernes, on introduisait les
acteurs par des portes pratiquées dans le mur d'enceinte et
communiquant par des galeries souterraines avec les loges,
les réceptacles et les réduits où ils étaient rassemblés.
Quels étaient donc ces acteurs, s'écria une dame qui
connaissait bien mieux l'Opéra, les Variétés ou l'Am-
bigu-Comique que l'histoire des jeux de l'amphithéâtre

romain? Ces acteurs, Madame, je voudrais pouvoir le dissimuler, mais l'histoire a parlé ; c'étaient des tigres, des lions, des panthères et autres animaux féroces ; c'étaient aussi des hommes armés qui se livraient, avec toute la fureur d'ennemis acharnés, des combats à mort ; c'étaient enfin des prisonniers, des criminels, et parfois, hélas! des innocents, destinés à servir de pâture aux animaux, dont un jeûne, prolongé à dessein, avait augmenté la férocité naturelle. Ici, des cris d'horreur éclatèrent dans le groupe des dames et des soupirs expressifs dans celui des hommes. Ces Romains étaient donc des anthropophages ! Non, Mesdames, ce grand peuple qui a dominé toute la terre s'était élevé dans ses beaux jours à ce degré inouï de puissance et de gloire par des vertus éclatantes et la force des armes. Le génie de la guerre était l'âme de son gouvernement, il devait l'entretenir par des spectacles propres à exciter le courage ; mais ce qui dans les premiers temps se bornait à quelques victimes, peut-être seulement à des criminels, dégénéra dans les siècles de corruption en cruautés dignes des peuples les plus féroces. A Dieu ne plaise que je déroule à vos yeux le tableau de ces jeux cruels ! qu'il vous suffise de savoir qu'à la dédicace de cet édifice, sous Titus, l'amour des Romains, l'an quatre-vingt de la rédemption, plusieurs milliers d'animaux furent sacrifiés, et que des centaines de couples de gladiateurs répandirent leur sang dans cette enceinte pour gagner la bienveillance d'un peuple ivre de ses succès, qui voulait sans travail du pain et des spectacles.

Quelques-uns de nos compagnons témoignant le désir de connaître plus exactement les jeux de l'amphithéâtre, un ecclésiastique, professeur d'histoire et d'antiquités dans l'une des Universités d'Italie, prit alors la parole, et baissant la voix pour n'être entendu que des hommes qui l'environnaient, nous dit : quoique ces spectacles aient cessé depuis la chute de l'empire d'occident, à l'époque de l'invasion des Goths, les historiens romains ne nous en ont presque rien laissé ignorer ; ils nous ont peint, avec l'accent de la vérité et parfois de l'indignation, la somptuosité coupable des empereurs qui prodiguaient pour leur entretien des sommes avec lesquelles ils auraient soulagé les misères de l'Italie entière ; des sommes dont l'énormité autoriserait le doute, si l'unanimité de ces écrivains ne garantissait l'exactitude de leurs assertions. Tous s'accordent à nous dire que des milliers d'animaux choisis parmi les plus dangereux par leur force ou leur férocité, parmi les plus rares et les plus chers, étaient chaque année sacrifiés dans des combats qu'ils se livraient entre eux, ou que leur livraient des hommes voués à cet affreux métier ; que des centaines de gladiateurs, quelquefois dans un même jour, étaient appelés à s'entre-égorger en combattant les uns contre les autres, nus ou couverts d'armes défensives, armés de glaives ou de poignards, à pied, à cheval ou sur des chars, quelquefois les yeux bandés pour rendre la lutte longue, bizarre, et exciter par la singularité de leur surprise le rire en s'arrachant la vie. C'était cette monstrueuse réunion de sentiments en apparence inconciliables qu'on cherchait surtout à réunir dans le combat entre les rétiaires et les mirmilions ordinairement très-applaudis. On sait que, dans les jeux donnés par les empereurs, des troupes nombreuses de ces misérables qui représentaient deux armées, se précipitaient les uns sur les autres avec fureur, inondaient l'arène de leur sang et la couvraient de leurs cadavres. Mais que dirons-nous des prisonniers de guerre obligés de défendre leur vie contre les bêtes féroces, et des chrétiens déchirés en lambeaux par des bourreaux exercés aux plus cruelles barbaries? A ces mots, un jeune homme interrompit l'éloquent narrateur : Monsieur, lui dit-il, en admettant l'exactitude de vos récits relativement aux gladiateurs volontairement voués à ce vil et déplorable métier, peut-on leur accorder une égale confiance pour ce qui regarde les martyrs? Peut-on croire qu'un peuple civilisé qui s'est distingué par ses vertus, que les consuls, les sénateurs et tous les grands citoyens de la capitale du monde auraient pu soutenir le spectacle des cruautés que les écrivains ecclésiastiques nous rapportent? Dodwel et Freret d'ailleurs ont réfuté leurs assertions sur le nombre des martyrs. Hélas ! Messieurs, quelle vérité historique est à l'abri des traits du scepticisme? les faits les mieux avérés n'ont-ils pas été contredits par les ennemis du christianisme? Mais pour détruire ceux dont nous parlons, il ne faut pas seulement suspecter les auteurs ecclésiastiques, il faut aussi rejeter les témoignages des écrivains de Rome, ennemis du culte nouveau. Il faut anéantir les décrets des empereurs, déclarer suspecte de fraude cette page fameuse des Annales de Tacite, où le véridique et sévère historien décrit les incroyables cruautés de Néron envers les chrétiens, qu'il faisait couvrir de peaux de bêtes sauvages et ensuite dévorer par des chiens; qu'il enveloppait de matières combustibles après les avoir fait attacher à des croix dont il se servait pour illuminer les fêtes qu'il donnait dans ses jardins. Il faut encore suspecter cette lettre de Pline-le-Jeune, à Trajan, dans laquelle ce préteur de Bythinie, l'un des hommes les plus éclairés et les plus polis de Rome, effrayé du nombre des coupables qu'en vertu des lois il devait poursuivre, consulte son prince sur la conduite qu'il doit tenir, et lui déclare qu'il ne recherche pas les chrétiens; que ceux qui lui sont dénoncés, et qui, après avoir été avertis, ne veulent pas sacrifier aux dieux de l'empire, sont envoyés au supplice, non comme coupables de crimes, mais, dit le préteur, à raison de leur invincible opiniâtreté. Maintenant si le disciple du grand naturaliste qui méprisait les dieux de Rome, traitait ainsi des hommes qu'il croyait innocents, quel devait être le sort des chrétiens placés sous l'obéissance de préteurs cruels ou fanatisés en faveur de leur culte? répondez-moi, je vous prie.

Oui, Messieurs, reprit-il, le nombre des victimes de la persécution fut immense et les cruautés inouies; et comme le but de ces exécutions était d'empêcher la propagation de la doctrine du Christ, quel lieu mieux que l'amphithéâtre convenait pour imprimer à la fois à un grand nombre de personnes la terreur propre à les retenir dans la religion de l'empire? S'il est certain que le sang des martyrs a été, comme on l'avoue généralement, la semence du christianisme, quelle que soit l'explication de ce fait, il faut qu'alors il ait coulé par torrents.

Mais, tandis que nous arrétions nos pensées sur ces graves questions, et fixions notre imagination sur ces pénibles images, le soleil avait disparu derrière le mont Aventin, et la lune commençait à répandre sa lumière argentine sur les parties les plus élevées de l'amphithéâtre. Une vapeur légère se répandait dans l'intérieur, et du sommet du mur extérieur qui regarde le levant, une ombre de plus en plus obscure, rendant impossible toute comparaison avec les objets extérieurs, le vaste édifice grandit tout à coup à nos regards dans une immense proportion. Attentifs, silencieux au sein de cette imposante obscurité, à peine interrompue par les traînées flamboyantes des lucioles, nous attendions l'événement pour lequel nous étions assemblés. Il ne tarda pas ; l'astre en s'élevant atteignit les fenétres du quatrième étage, et lança à travers leurs ouvertures des rayons faibles d'abord, puis de plus en plus lumineux, qui produisaient, selon les objets sur lesquels ils tombaient, les effets les plus curieux et même les plus bizarres.

Peu de temps après, la lune atteignit les étages inférieurs, et pénétrant dans les galeries nous offrit de nou-

veaux phénomènes aussi variés et plus piquants encore :
des faisceaux lumineux, tantôt réfléchis, tantôt inter-
rompus par les séparations des arcades; des ombres
portées qui simulaient des corps solides; enfin une mul-
titude d'échos de lumière, que l'opposition de vastes
ombres et de ténébreux détours rendaient plus étonnants.
Nous en admirions la variété, quand la voix du rossi-
gnol éclata dans les bosquets voisins. Les sons entre-
coupés de la mélodieuse harmonie du chantre des nuits,
ses accents mélancoliques suspendirent notre attention,
mais réveillèrent dans nos esprits le souvenir des tristes
récits que nous avions entendus, et chacun échangea
avec son voisin de pénibles réflexions sur les misères de
l'humanité. Ce fut alors, qu'appuyé contre un bloc de
pierre, favorisé par le calme et la fraîcheur, les objets
dont le récit avait exercé sur mon esprit la plus vive
impression se reproduisirent à mon imagination, et dans
une espèce de sommeil extatique je vis ou je crus voir
l'amphithéâtre, un instant auparavant désert et silencieux, alors dans toute sa pompe; il me parut en peu de
temps occupé par un peuple si nombreux, que Rome entière me sembla réunie dans son enceinte. L'empereur en-
touré de ses courtisans et suivi de ses gardes, arrivé des
premiers, s'y plaça au centre du *podium*, sur une estrade
élevée, éclatante d'or et de pourpre; les consuls distin-
gués par leurs robes décorées de fleurs et leur sceptre
d'ivoire étaient près du prince; les sénateurs, les édiles
assis sur leurs chaises curules étalaient dans une vaste

étendue l'éclat de leurs robes de pourpre; les vestales occupaient la place privilégiée qui leur était assignée ; on
les reconnaissait à leurs robes et à leurs voiles blancs.
Les chevaliers se distinguaient par leurs manteaux ; leur
nombre était considérable et remplissait en entier le
premier étage des gradins. Je vis encore le collége des
prêtres arvals; enfin le peuple qui, placé sur les étages
supérieurs des gradins, offrait par la diversité des costumes et des sexes une piquante variété.

L'impatience était peinte sur tous les visages, quand
des portes de fer ouvertes dans les murs de l'enceinte de
l'arène, sortirent dix couples d'acteurs conduits par un
chef qui leur remit des armes inoffensives. Ils exécu-
tèrent, à ce qu'il me sembla, avec beaucoup de dextérité
divers combats simulés, mais qui fixèrent peu l'attention
des spectateurs et furent assez promptement suivis
d'un murmure improbatif qui avertit leur chef de leur en
donner d'une toute autre espèce. Il choisit alors trois
couples de ces espèces de guerriers, qui furent placés
en trois parties différentes de l'arène; à un signal donné,
le premier couple commença une lutte où brillèrent longtemps une dextérité et une souplesse égale; mais l'un des
deux ayant fait un faux pas, reçut dans la poitrine une
blessure d'où le sang coula en abondance. On cria : il est
blessé, le malheureux tomba sur ses genoux et parut de-
mander grâce ; un murmure se fit entendre et la grande
vestale ayant levé la main, le pouce dirigé vers le ciel,
l'infortuné tendit la gorge à son adversaire et reçut le

coup mortel. Indigné d'une telle barbarie , je tâchais de m'éloigner, une force invincible semblait me retenir à la place que j'occupais, et tandis que je faisais de nouveaux efforts, le second couple était aux prises. Les deux champions paraissaient également habiles, et la lutte se prolongeant, j'espérais qu'ils échapperaient l'un et l'autre, lorsque le plus jeune reçut une blessure grave ; mais couvert de son bouclier, malgré la perte de sang qui l'affaiblissait , il ne cessait de presser son adversaire : des applaudissements éclatèrent , et les principaux chevaliers ayant levé la main, le pouce caché , il fut conduit hors de l'enceinte et rendu à la liberté. Je me sentis soulagé et voyant dans le troisième couple plutôt les apparences d'une lutte innocente que d'un combat véritable, je fixai mon attention. L'un des acteurs armé d'un trident et pourvu d'un filet cherchait à en envelopper son adversaire; il le poursuivait et lui criait : Gaulois, ce n'est pas à toi que j'en veux, mais à ton poisson; celui-ci armé seulement d'une épée courte et coiffé d'un bonnet surmonté d'un poisson se montrait aussi attentif à éviter le filet que l'autre à le lui jeter. Ce jeu dura longtemps, et l'assemblée paraissait prendre grand plaisir à la dextérité, aux ruses de l'un et de l'autre, quand tout à coup l'homme au poisson se trouva enveloppé; il se débattait et cherchait à se débarrasser, mais ses forces s'épuisant en efforts inutiles, il s'avoua vaincu. Je croyais la lutte ainsi terminée, quand le barbare qui le tenait enlacé le perça de plusieurs coups de son trident. Frémissant

d'horreur, je fis de nouveaux efforts pour fuir et m'é-
loiguer ; l'affection nerveuse, qui paralysait mes forces,
avait tellement oppressé ma respiration, qu'aucun mou-
vement ne m'était possible.

Cependant le silence étant rétabli, des esclaves armés
de crocs de fer avaient traîné les cadavres des victimes
hors de l'enceinte, les instruments de musique se faisaient
entendre et les spectateurs semblaient se préparer à de
nouvelles scènes. Tout à coup parut au milieu de l'arène
un vénérable vieillard conduit par des soldats ; j'en-
tendis près de moi répéter à voix basse : c'est un chrétien
rebelle ; c'est Ignace, dit un autre, le patriarche d'Antioche,
qui a osé parler devant l'empereur ; quelques spectateurs
se retirèrent alors, d'autres détournèrent leurs regards.
Calme, résigné, les yeux dirigés vers le ciel, le saint vieillard semblait prier pour ses bourreaux, quand d'une
issue secrète, deux lions affamés se lancèrent sur leur
proie et la déchirèrent en un instant. Hors de moi, agité
de mouvements convulsifs, quelques cris s'échappèrent
de ma poitrine ; mon voisin, inquiet de mon état, me
secouant, me tira de ma douloureuse situation, et me
demanda ce que j'éprouvais. J'ai vu, lui dis-je d'une voix
entrecoupée, les abominations de l'amphithéâtre et les
exécrables jeux des Romains ; éloignons-nous de ce lieu
funeste. A peine je respirais, une sueur froide coulait sur
mes membres ; nous regagnâmes nos voitures, et toujours
éperdu, je ne retrouvai le calme dont j'avais si grand
besoin que lorsque j'aperçus cet obélisque de la cour de

Saint-Pierre, où j'avais lu si souvent : *Christus vivit, regnat, imperat*, et j'arrivai à mon domicile, répétant, à part moi, avec Zopire :

> Exterminez, grands dieux, de la terre où nous sommes,
> Quiconque sans horreur verse le sang des hommes.

NANCY, IMPRIMERIE DE RAYBOIS ET Cⁱᵉ.